Extra Large Print
SUDOKU

EASY-TO-READ PUZZLES

SIRIUS

SIRIUS

This edition published in 2023 by Sirius Publishing, a division of
Arcturus Publishing Limited,
26/27 Bickels Yard, 151–153 Bermondsey Street,
London SE1 3HA

Copyright © Arcturus Holdings Limited
Puzzles by Puzzle Press

ISBN: 978-1-3988-2974-9
AD011086NT

Printed in China

Contents

An Introduction to Sudoku

Each puzzle begins with a grid in which some numbers are already placed:

	9	6			8		3	
		1		4	2			
5						8	1	9
4		7	1	2				3
		8	7		6	5		
2				9	4	6		1
8	7	2						5
			3	5		1		
	3		2			4	6	

You need to work out where the other numbers might fit. The numbers used in a sudoku puzzle are 1, 2, 3, 4, 5, 6, 7, 8 and 9 (0 is never used).

For example, in the top left box the number cannot be 9, 6, 8 or 3 (these numbers are already in the top row); nor 5, 4 or 2 (these numbers are already in the far left column); nor 1 (this number is already in the top left box of nine squares), so the number in the top left square is 7, since that is the only possible remaining number.

A completed puzzle is one where every row, every column and every box contains nine different numbers:

Column

7	9	6	5	1	8	2	3	4
3	8	1	9	4	2	7	5	6
5	2	4	6	7	3	8	1	9
4	6	7	1	2	5	9	8	3
9	1	8	7	3	6	5	4	2
2	5	3	8	9	4	6	7	1
8	7	2	4	6	1	3	9	5
6	4	9	3	5	7	1	2	8
1	3	5	2	8	9	4	6	7

Row →

Box →

8	9		1	4	3		7	6
	7		2		8		9	
		4		7		3		5
		8	9	2	7	1		
7	6						5	2
		1	8	6	5	7		
6		2		8		9		
	4		7		6		2	
1	8		5	9	2		4	3

★

1		8			9	7		2
	9	7		2	3			1
	2				8		6	5
		6			5		7	8
	3		4	7	1		5	
4	7		8			2		
2	4		3				9	
5			9	6		1	2	
7		9	1			3		4

8		2		9	7	4		1
9			1	3	6			8
		1			4		6	
		6	3		9		2	
5		7		1		9		3
	3		4		5	1		
	9		7			3		
7			9	5	1			4
6		8	2	4		5		7

9	8		1				3	4
1				4		5		6
5		4			7	8		1
	4			6	2	1	7	
		9		7		3		
	1	5	3	8			4	
4		7	9			2		3
6		3		5				7
8	2				4		6	5

2			1	4		6		3
					3	8		
1	3	5		2		7		
7	5		9		2		8	6
4		9		6		3		5
6	2		3		4		7	1
		1		8		5	9	7
		2	7					
5		6		9	1			8

7	4		3		8			2
		2		6		9		4
	6	5		4		3	7	
	9	6	4		3	2	1	
1			9		6			3
	3	4	1		7	8	6	
	5	1		9		7	3	
9		8		3		1		
6			8		1		9	5

5	4				9	3	6	8
2			4	6			5	1
9	1			8		7		
		4		2	5			
	5	9		4		2	3	
			7	3		4		
		5		7			8	2
7	3			5	6			9
4	6	8	1				7	3

			7			8	9	6
6	8		4	2		5		
7		9	6			1		4
8			3			9	1	
	5		9	1	6		7	
	1	3			5			2
1		8			4	6		3
		6		8	7		4	1
4	2	5			3			

6		8		2		9		1
1			9		8			4
	4	9		6		3	2	
	6	1	2		7	5	9	
9			1	5	6			2
	2	7	3		9	8	1	
	1	4		7		2	3	
3			8		2			5
2		5		1		6		7

★

3		7			6			4
	8		4	9			7	5
6	5				2	1		
1	4				7		6	8
		8		4		3		
9	6		5				4	2
		9	3				2	7
5	3			8	1		9	
8			9			5		3

1				5		7	3	2
4					3			
8			1	7				
	3	2	4		7	5	8	
7	6						2	9
	8	4	6		9	3	1	
				6	1			8
			9					5
2	1	9		4				3

5	3	7		4		2		
			2		3	8		
			6	1	5	7		
7			3		1		8	
4		9				3		1
	6		4		8			7
		6	5	2	7			
		4	9		6			
		2		8		6	9	5

		4		3			1	
6			4		9	8		
5			8		2	6		3
	4	5	6					2
3				2				4
9					1	7	8	
4		7	2		8			1
		1	7		3			6
	6			5		9		

6			4		5			7
	5	7		9		2	1	
	4			2			5	
	6	9	3		2	5	8	
5			9		6			2
	3	2	5		1	6	4	
	8			6			9	
	7	6		3		1	2	
1			2		4			8

		4		5	1	6	3	
	9		7					
5		1		2		4		9
3					9	5	8	1
2								7
9	5	6	8					3
8		5		7		3		4
					6		1	
	7	2	3	9		8		

5	8			7		2		
			9			8	4	3
1				2	4		6	7
				5	2	3		
	6	5				1	2	
		3	7	6				
9	2		3	4				5
8	4	6			1			
		7		8			9	1

	6	1			3	4		
		8	5		4		7	
				7	8	9	3	
9			6	4				8
2		6				7		9
4				9	7			1
	7	9	4	1				
	3		2		6	5		
		5	7			6	1	

4	8			6			3	5
7		6		1	5			8
			2			9		
	5		1			8	9	4
	7						6	
2	1	4			8		5	
		1			6			
3			9	4		5		2
9	4			7			1	3

		9	3					
		5		1	6			
		6		2		4	3	1
4	3		1		9		5	2
	7	1				8	4	
9	5		8		7		6	3
8	6	4		9		3		
			6	7		5		
					8	2		

4			5		2			
9				8		2	3	5
5			7	9	3			
		5	8		4		7	
2	4						1	6
	7		1		6	8		
			3	1	5			7
7	3	6		4				9
			6		9			8

4	1		7					8
5			8		3		9	
			5	9			7	2
		2		8	1	5		
1		6				2		9
		8	9	2		4		
2	9			4	8			
	7		1		6			3
3					9		4	1

1	8	5					6	
		4			1	8		9
				7	3			5
	4		5	3			7	2
6			2		9			1
9	5			8	7		3	
5			4	6				
7		9	3			4		
	6					2	1	3

1				5			3	
		3	6		7			9
		9	4		2	8		6
6	2				9	1		
		8		4		7		
		4	3				8	5
3		7	2		4	5		
2			8		1	3		
	9			7				8

4	3		6	1				
8			3				2	5
	1		8		7			6
		5	1	4		8		
1		4				9		2
		6		8	2	4		
7			2		9		3	
2	5				1			7
				5	8		1	4

	7	4		1		2	9	
6					3			
	2		7	8			5	1
2	9	6			8	7		
		1				5		
		7	2			8	3	9
7	3			9	6		4	
			1					8
	4	8		5		9	6	

	4		2	6		1		9
		2	1			7	3	
3	9		7					
		6			4		5	8
7			3		1			4
8	3		5			9		
					5		4	6
	1	5			2	8		
2		8		9	7		1	

★★

5				9		6	4	
	3	9		5	7	1		
4	7	8	2					
8				6	5			
1	5						3	6
			9	3				8
					1	4	7	3
		6	8	7		2	5	
	2	1		4				9

		6		2		7		
2	3		6		5		4	9
9			8		1			6
		2	1	6	7	3		
8	1						6	5
		3	5	8	2	1		
1			2		6			7
7	2		4		3		8	1
		9		1		4		

					7	6		
7	1	4		5		2		
			2	1		8		
2	7		9		3		6	8
4		3				1		9
8	5		6		1		4	7
		8		9	2			
		7		6		4	3	2
		5	3					

		9						
7	5		6	9			2	3
			3	1				
		5		3			4	
	7		8		9		5	
	4			7		8		
				8	1			
8	6			2	4		7	1
						4		

★ ★ ★

		5	2		4	9		
9								3
	7	2		5		8	1	
	4			2			8	
			9		3			
	2			1			4	
	9	7		8		4	6	
4								1
		6	4		7	5		

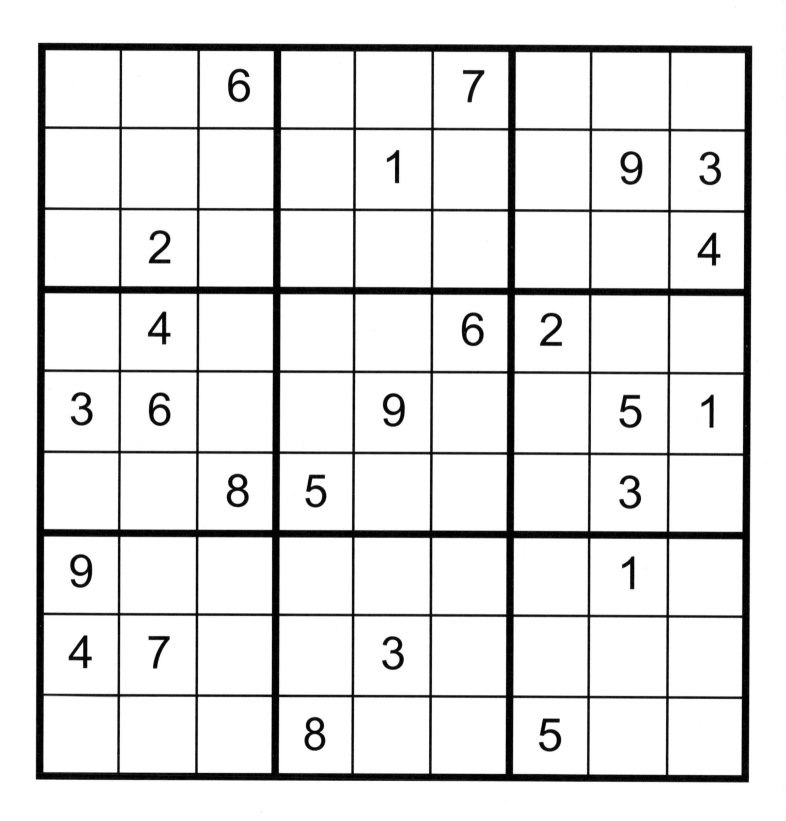

★ ★ ★

			3		7	5	6	
				2				9
			1			2	3	
	8	5	9		3	1	2	
9								5
	2	6	8		4	9	7	
	5	4			1			
7				4				
	1	9	7		2			

2			3		4			6
		1	8		9	7		
	8						5	
5	6		4		8		2	7
9	4		7		1		6	3
	3						9	
		2	9		7	6		
8			5		3			1

7		8		6		3		9
	2		4		9		5	
	4						1	
		1		4		5		
			2		6			
		3		7		1		
	1						7	
	3		8		7		6	
8		5		2		9		4

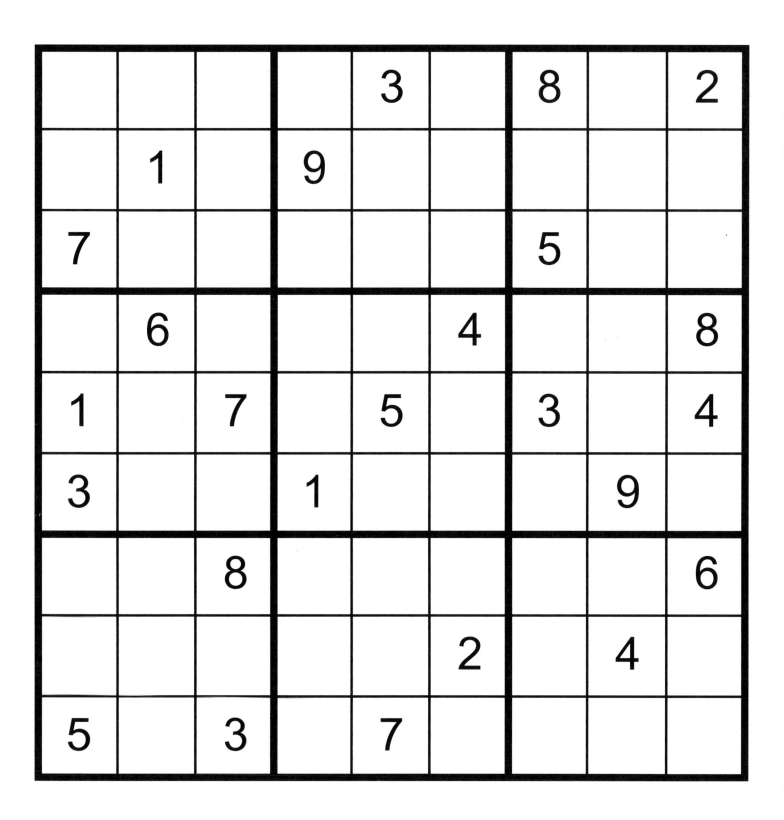

		9		8		4		
			9	6	7			
8		7	4		5	6		3
6								9
		1				5		
7								4
4		2	5		1	3		7
			8	2	3			
		5		7		1		

		5		2		8		
	2		1		6		3	
7			9		4			5
8		2				6		3
	3						4	
4		9				5		1
3			2		5			9
	5		4		7		2	
		7		6		1		

★ ★ ★

2		3		5		8		6
		9	1		8	7		
	7	2				9	6	
8	3						1	7
	4	5				2	8	
		8	6		9	4		
5		4		2		1		9

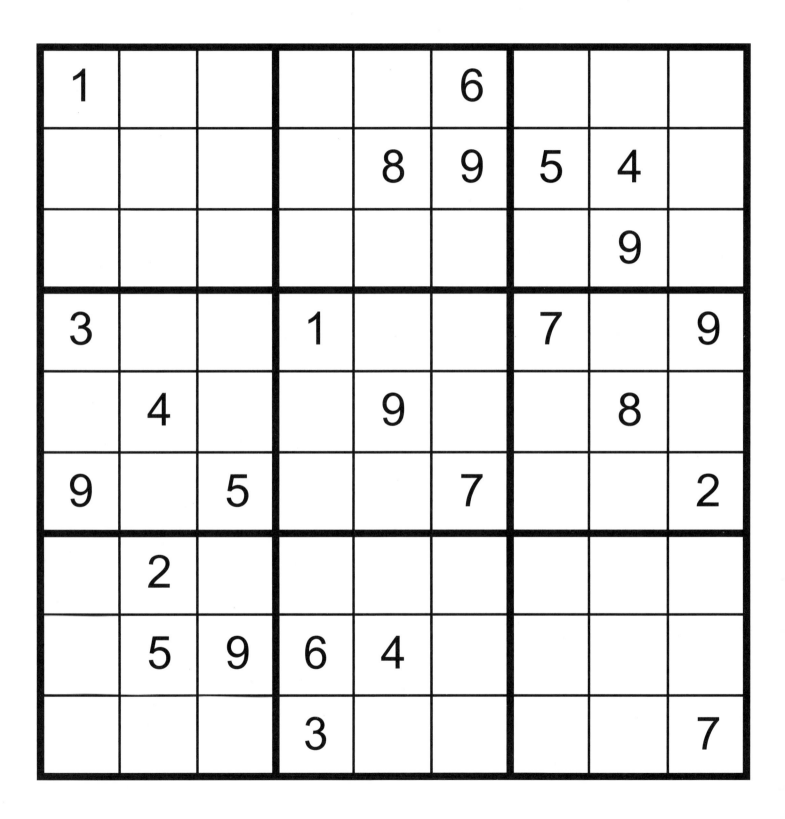

★ ★ ★

	4				9			
	5			3		9	1	6
	1		8	5				
		1						8
4	9						2	7
8						3		
				7	1		8	
6	8	2		4			5	
			2				3	

		6	8		2	4		
				3				
	5		6		4		8	
	3	9	2		1	7	4	
1				5				3
	4	5	3		9	1	6	
	9		1		6		7	
				7				
		1	9		8	2		

★ ★ ★

7			1				9	2
	9		3			4		
	6	5						1
			4				3	
		8				9		
	2				8			
6						5	7	
		1			6		4	
2	3				4			6

	6	7				4	5	
1		4		9		3		2
	9		8		2		4	
		5				8		
	1		4		5		3	
9		6		4		5		3
	8	2				1	6	

★ ★ ★

2		9				3		6
	1						4	
8			2		6			1
		7		4		2		
6			1		5			9
		2		3		5		
3			5		2			7
	2						3	
7		8				9		5

	5		7		1		8	
8				3				2
		3	6		9	4		
3	2						4	9
		4				1		
7	1						6	8
		8	1		5	3		
5				9				6
	4		3		8		7	

★ ★ ★

	5						7	
			4	5	1			
	4	3	6		9	1	5	
	8	2	9		3	4	1	
		4				9		
	1	9	8		5	2	3	
	9	5	7		6	3	2	
			3	9	2			
	3						6	

1								2
		6	4		2	7		
	5		9		8		3	
3	6		2		9		1	5
5	8		7		6		4	9
	7		8		1		2	
		5	6		4	3		
4								8

			7	2			1	8
							7	6
		9	5			2		
		6			9			
	1			7			2	
			4			3		
		1			6	4		
6	3							
7	8			1	5			

	3		9					
	2		8					3
6		4			1	2		
7		5	3	8				
				6	9	5		2
		8	1			6		9
9					5		2	
					8		5	

6				1		2		
8	3							4
	9				7			
		3		2		1		
			7		9			
		7		8		5		
			9				2	
1							8	3
		2		4				6

			7			8	2	
		3	6					
4		2		9				7
		1	2			5	3	
	5						8	
	3	6			9	7		
5				2		4		3
					3	1		
	1	9			5			

★ ★ ★ ★

		5					9	
	8	6		1		7		
					7			2
			4		1			3
		1		5		9		
7			9		2			
4			8					
		8		9		1	5	
	3					6		

5			7	9				
		8	5		2			
6	7	4						
2			8	1				
	5						3	
				6	4			1
						8	4	3
			6		3	9		
				8	7			6

		9				3		
	5		3	6				
	6		2		9	1		7
					8		2	3
		8				5		
4	9		5					
3		5	7		4		8	
				2	3		7	
		1				2		

	6		2					
9	1			3				4
			4			1	5	
	2	6			3		4	
		7				5		
	8		1			6	7	
	3	8			7			
7				1			9	6
					6		8	

★★★★

	5						3	
		1		8	3			
		8	5		6		9	4
			2			6		3
	2						1	
7		5			1			
3	1		7		4	2		
			3	6		4		
	9						6	

			1	3	2			
7						4		
					5			
							2	5
3				9				6
4	8							
			8					
		5						1
			7	4	6			

	6	1		8				
			4			8	1	
9			5				2	6
4	5					9		
		8					6	4
2	9				3			1
	3	5			7			
				6		5	9	

1

8	9	5	1	4	3	2	7	6
3	7	6	2	5	8	4	9	1
2	1	4	6	7	9	3	8	5
5	3	8	9	2	7	1	6	4
7	6	9	4	3	1	8	5	2
4	2	1	8	6	5	7	3	9
6	5	2	3	8	4	9	1	7
9	4	3	7	1	6	5	2	8
1	8	7	5	9	2	6	4	3

2

1	5	8	6	4	9	7	3	2
6	9	7	5	2	3	8	4	1
3	2	4	7	1	8	9	6	5
9	1	6	2	3	5	4	7	8
8	3	2	4	7	1	6	5	9
4	7	5	8	9	6	2	1	3
2	4	1	3	8	7	5	9	6
5	8	3	9	6	4	1	2	7
7	6	9	1	5	2	3	8	4

3

8	6	2	5	9	7	4	3	1
9	7	4	1	3	6	2	5	8
3	5	1	8	2	4	7	6	9
1	4	6	3	7	9	8	2	5
5	8	7	6	1	2	9	4	3
2	3	9	4	8	5	1	7	6
4	9	5	7	6	8	3	1	2
7	2	3	9	5	1	6	8	4
6	1	8	2	4	3	5	9	7

4

9	8	6	1	2	5	7	3	4
1	7	2	8	4	3	5	9	6
5	3	4	6	9	7	8	2	1
3	4	8	5	6	2	1	7	9
2	6	9	4	7	1	3	5	8
7	1	5	3	8	9	6	4	2
4	5	7	9	1	6	2	8	3
6	9	3	2	5	8	4	1	7
8	2	1	7	3	4	9	6	5

5

2	8	7	1	4	9	6	5	3
9	6	4	5	7	3	8	1	2
1	3	5	6	2	8	7	4	9
7	5	3	9	1	2	4	8	6
4	1	9	8	6	7	3	2	5
6	2	8	3	5	4	9	7	1
3	4	1	2	8	6	5	9	7
8	9	2	7	3	5	1	6	4
5	7	6	4	9	1	2	3	8

6

7	4	9	3	1	8	6	5	2
3	1	2	7	6	5	9	8	4
8	6	5	2	4	9	3	7	1
5	9	6	4	8	3	2	1	7
1	8	7	9	2	6	5	4	3
2	3	4	1	5	7	8	6	9
4	5	1	6	9	2	7	3	8
9	7	8	5	3	4	1	2	6
6	2	3	8	7	1	4	9	5

5	4	7	2	1	9	3	6	8
2	8	3	4	6	7	9	5	1
9	1	6	5	8	3	7	2	4
3	7	4	9	2	5	8	1	6
8	5	9	6	4	1	2	3	7
6	2	1	7	3	8	4	9	5
1	9	5	3	7	4	6	8	2
7	3	2	8	5	6	1	4	9
4	6	8	1	9	2	5	7	3

8

5	4	2	7	3	1	8	9	6
6	8	1	4	2	9	5	3	7
7	3	9	6	5	8	1	2	4
8	6	7	3	4	2	9	1	5
2	5	4	9	1	6	3	7	8
9	1	3	8	7	5	4	6	2
1	7	8	2	9	4	6	5	3
3	9	6	5	8	7	2	4	1
4	2	5	1	6	3	7	8	9

9

6	3	8	7	2	4	9	5	1
1	5	2	9	3	8	7	6	4
7	4	9	5	6	1	3	2	8
4	6	1	2	8	7	5	9	3
9	8	3	1	5	6	4	7	2
5	2	7	3	4	9	8	1	6
8	1	4	6	7	5	2	3	9
3	7	6	8	9	2	1	4	5
2	9	5	4	1	3	6	8	7

10

3	9	7	1	5	6	2	8	4
2	8	1	4	9	3	6	7	5
6	5	4	8	7	2	1	3	9
1	4	5	2	3	7	9	6	8
7	2	8	6	4	9	3	5	1
9	6	3	5	1	8	7	4	2
4	1	9	3	6	5	8	2	7
5	3	2	7	8	1	4	9	6
8	7	6	9	2	4	5	1	3

11

1	9	6	8	5	4	7	3	2
4	5	7	2	9	3	8	6	1
8	2	3	1	7	6	9	5	4
9	3	2	4	1	7	5	8	6
7	6	1	3	8	5	4	2	9
5	8	4	6	2	9	3	1	7
3	4	5	7	6	1	2	9	8
6	7	8	9	3	2	1	4	5
2	1	9	5	4	8	6	7	3

12

5	3	7	8	4	9	2	1	6
6	4	1	2	7	3	8	5	9
2	9	8	6	1	5	7	4	3
7	2	5	3	6	1	9	8	4
4	8	9	7	5	2	3	6	1
1	6	3	4	9	8	5	2	7
9	1	6	5	2	7	4	3	8
8	5	4	9	3	6	1	7	2
3	7	2	1	8	4	6	9	5

13

7	8	4	5	3	6	2	1	9
6	3	2	4	1	9	8	5	7
5	1	9	8	7	2	6	4	3
1	4	5	6	8	7	3	9	2
3	7	8	9	2	5	1	6	4
9	2	6	3	4	1	7	8	5
4	9	7	2	6	8	5	3	1
8	5	1	7	9	3	4	2	6
2	6	3	1	5	4	9	7	8

14

6	2	8	4	1	5	9	3	7
3	5	7	6	9	8	2	1	4
9	4	1	7	2	3	8	5	6
7	6	9	3	4	2	5	8	1
5	1	4	9	8	6	3	7	2
8	3	2	5	7	1	6	4	9
2	8	5	1	6	7	4	9	3
4	7	6	8	3	9	1	2	5
1	9	3	2	5	4	7	6	8

7	2	4	9	5	1	6	3	8
6	9	3	7	4	8	1	2	5
5	8	1	6	2	3	4	7	9
3	4	7	2	6	9	5	8	1
2	1	8	4	3	5	9	6	7
9	5	6	8	1	7	2	4	3
8	6	5	1	7	2	3	9	4
4	3	9	5	8	6	7	1	2
1	7	2	3	9	4	8	5	6

16

5	8	4	6	7	3	2	1	9
6	7	2	9	1	5	8	4	3
1	3	9	8	2	4	5	6	7
4	9	8	1	5	2	3	7	6
7	6	5	4	3	9	1	2	8
2	1	3	7	6	8	9	5	4
9	2	1	3	4	7	6	8	5
8	4	6	5	9	1	7	3	2
3	5	7	2	8	6	4	9	1

17

7	6	1	9	2	3	4	8	5
3	9	8	5	6	4	1	7	2
5	4	2	1	7	8	9	3	6
9	1	7	6	4	2	3	5	8
2	8	6	3	5	1	7	4	9
4	5	3	8	9	7	2	6	1
6	7	9	4	1	5	8	2	3
1	3	4	2	8	6	5	9	7
8	2	5	7	3	9	6	1	4

18

4	8	2	7	6	9	1	3	5
7	9	6	3	1	5	4	2	8
1	3	5	2	8	4	9	7	6
6	5	3	1	2	7	8	9	4
8	7	9	4	5	3	2	6	1
2	1	4	6	9	8	3	5	7
5	2	1	8	3	6	7	4	9
3	6	7	9	4	1	5	8	2
9	4	8	5	7	2	6	1	3

1	2	9	3	8	4	6	7	5
3	4	5	7	1	6	9	2	8
7	8	6	9	2	5	4	3	1
4	3	8	1	6	9	7	5	2
6	7	1	2	5	3	8	4	9
9	5	2	8	4	7	1	6	3
8	6	4	5	9	2	3	1	7
2	9	3	6	7	1	5	8	4
5	1	7	4	3	8	2	9	6

20

4	8	3	5	6	2	7	9	1
9	6	7	4	8	1	2	3	5
5	2	1	7	9	3	6	8	4
6	1	5	8	2	4	9	7	3
2	4	8	9	3	7	5	1	6
3	7	9	1	5	6	8	4	2
8	9	2	3	1	5	4	6	7
7	3	6	2	4	8	1	5	9
1	5	4	6	7	9	3	2	8

21

4	1	9	7	6	2	3	5	8
5	2	7	8	1	3	6	9	4
6	8	3	5	9	4	1	7	2
9	4	2	6	8	1	5	3	7
1	5	6	4	3	7	2	8	9
7	3	8	9	2	5	4	1	6
2	9	1	3	4	8	7	6	5
8	7	4	1	5	6	9	2	3
3	6	5	2	7	9	8	4	1

22

1	8	5	9	2	4	3	6	7
3	7	4	6	5	1	8	2	9
2	9	6	8	7	3	1	4	5
8	4	1	5	3	6	9	7	2
6	3	7	2	4	9	5	8	1
9	5	2	1	8	7	6	3	4
5	1	3	4	6	2	7	9	8
7	2	9	3	1	8	4	5	6
4	6	8	7	9	5	2	1	3

23

8	7	6	1	3	5	4	2	9
1	2	4	9	6	8	3	5	7
5	9	3	2	4	7	6	8	1
2	3	1	5	8	9	7	4	6
4	6	5	3	7	1	2	9	8
9	8	7	6	2	4	5	1	3
6	5	8	7	1	2	9	3	4
3	1	2	4	9	6	8	7	5
7	4	9	8	5	3	1	6	2

24

1	6	2	9	5	8	4	3	7
8	4	3	6	1	7	2	5	9
5	7	9	4	3	2	8	1	6
6	2	5	7	8	9	1	4	3
9	3	8	1	4	5	7	6	2
7	1	4	3	2	6	9	8	5
3	8	7	2	6	4	5	9	1
2	5	6	8	9	1	3	7	4
4	9	1	5	7	3	6	2	8

25

4	3	2	6	1	5	7	8	9
8	6	7	3	9	4	1	2	5
5	1	9	8	2	7	3	4	6
9	2	5	1	4	6	8	7	3
1	8	4	5	7	3	9	6	2
3	7	6	9	8	2	4	5	1
7	4	1	2	6	9	5	3	8
2	5	8	4	3	1	6	9	7
6	9	3	7	5	8	2	1	4

26

8	7	4	6	1	5	2	9	3
6	1	5	9	2	3	4	8	7
9	2	3	7	8	4	6	5	1
2	9	6	5	3	8	7	1	4
3	8	1	4	7	9	5	2	6
4	5	7	2	6	1	8	3	9
7	3	2	8	9	6	1	4	5
5	6	9	1	4	2	3	7	8
1	4	8	3	5	7	9	6	2

5	4	7	2	6	3	1	8	9
6	8	2	1	4	9	7	3	5
3	9	1	7	5	8	4	6	2
1	2	6	9	7	4	3	5	8
7	5	9	3	8	1	6	2	4
8	3	4	5	2	6	9	7	1
9	7	3	8	1	5	2	4	6
4	1	5	6	3	2	8	9	7
2	6	8	4	9	7	5	1	3

28

5	1	2	3	9	8	6	4	7
6	3	9	4	5	7	1	8	2
4	7	8	2	1	6	3	9	5
8	9	3	1	6	5	7	2	4
1	5	4	7	8	2	9	3	6
2	6	7	9	3	4	5	1	8
9	8	5	6	2	1	4	7	3
3	4	6	8	7	9	2	5	1
7	2	1	5	4	3	8	6	9

29

5	8	6	9	2	4	7	1	3
2	3	1	6	7	5	8	4	9
9	7	4	8	3	1	5	2	6
4	5	2	1	6	7	3	9	8
8	1	7	3	4	9	2	6	5
6	9	3	5	8	2	1	7	4
1	4	8	2	5	6	9	3	7
7	2	5	4	9	3	6	8	1
3	6	9	7	1	8	4	5	2

30

9	8	2	4	3	7	6	1	5
7	1	4	8	5	6	2	9	3
5	3	6	2	1	9	8	7	4
2	7	1	9	4	3	5	6	8
4	6	3	7	8	5	1	2	9
8	5	9	6	2	1	3	4	7
3	4	8	1	9	2	7	5	6
1	9	7	5	6	8	4	3	2
6	2	5	3	7	4	9	8	1

1	3	9	4	5	2	7	6	8
7	5	4	6	9	8	1	2	3
6	2	8	3	1	7	5	9	4
9	8	5	1	3	6	2	4	7
2	7	1	8	4	9	3	5	6
3	4	6	2	7	5	8	1	9
4	9	2	7	8	1	6	3	5
8	6	3	5	2	4	9	7	1
5	1	7	9	6	3	4	8	2

32

1	8	5	2	3	4	9	7	6
9	6	4	1	7	8	2	5	3
3	7	2	6	5	9	8	1	4
6	4	3	7	2	5	1	8	9
8	5	1	9	4	3	6	2	7
7	2	9	8	1	6	3	4	5
5	9	7	3	8	1	4	6	2
4	3	8	5	6	2	7	9	1
2	1	6	4	9	7	5	3	8

33

8	3	6	9	4	7	1	2	5
7	5	4	2	1	8	6	9	3
1	2	9	6	5	3	7	8	4
5	4	1	3	8	6	2	7	9
3	6	7	4	9	2	8	5	1
2	9	8	5	7	1	4	3	6
9	8	5	7	6	4	3	1	2
4	7	2	1	3	5	9	6	8
6	1	3	8	2	9	5	4	7

34

8	4	2	3	9	7	5	6	1
3	6	1	4	2	5	7	8	9
5	9	7	1	6	8	2	3	4
4	8	5	9	7	3	1	2	6
9	7	3	2	1	6	8	4	5
1	2	6	8	5	4	9	7	3
2	5	4	6	8	1	3	9	7
7	3	8	5	4	9	6	1	2
6	1	9	7	3	2	4	5	8

2	7	9	3	5	4	8	1	6
3	5	1	8	6	9	7	4	2
6	8	4	1	7	2	3	5	9
5	6	3	4	9	8	1	2	7
1	2	7	6	3	5	9	8	4
9	4	8	7	2	1	5	6	3
7	3	5	2	1	6	4	9	8
4	1	2	9	8	7	6	3	5
8	9	6	5	4	3	2	7	1

7	5	8	1	6	2	3	4	9
1	2	6	4	3	9	7	5	8
3	4	9	7	8	5	6	1	2
2	6	1	9	4	3	5	8	7
5	8	7	2	1	6	4	9	3
4	9	3	5	7	8	1	2	6
6	1	2	3	9	4	8	7	5
9	3	4	8	5	7	2	6	1
8	7	5	6	2	1	9	3	4

37

4	5	9	7	3	1	8	6	2
8	1	2	9	6	5	4	3	7
7	3	6	2	4	8	5	1	9
2	6	5	3	9	4	1	7	8
1	9	7	8	5	6	3	2	4
3	8	4	1	2	7	6	9	5
9	2	8	4	1	3	7	5	6
6	7	1	5	8	2	9	4	3
5	4	3	6	7	9	2	8	1

38

5	6	9	3	8	2	4	7	1
3	1	4	9	6	7	8	5	2
8	2	7	4	1	5	6	9	3
6	5	3	2	4	8	7	1	9
2	4	1	7	3	9	5	8	6
7	9	8	1	5	6	2	3	4
4	8	2	5	9	1	3	6	7
1	7	6	8	2	3	9	4	5
9	3	5	6	7	4	1	2	8

39

1	4	5	7	2	3	8	9	6
9	2	8	1	5	6	4	3	7
7	6	3	9	8	4	2	1	5
8	1	2	5	4	9	6	7	3
5	3	6	8	7	1	9	4	2
4	7	9	6	3	2	5	8	1
3	8	4	2	1	5	7	6	9
6	5	1	4	9	7	3	2	8
2	9	7	3	6	8	1	5	4

40

2	1	3	4	5	7	8	9	6
4	8	7	2	9	6	3	5	1
6	5	9	1	3	8	7	4	2
1	7	2	3	8	5	9	6	4
8	3	6	9	4	2	5	1	7
9	4	5	7	6	1	2	8	3
7	2	8	6	1	9	4	3	5
3	9	1	5	7	4	6	2	8
5	6	4	8	2	3	1	7	9

41

1	9	4	5	3	6	2	7	8
2	3	6	7	8	9	5	4	1
5	7	8	4	1	2	3	9	6
3	8	2	1	5	4	7	6	9
6	4	7	2	9	3	1	8	5
9	1	5	8	6	7	4	3	2
8	2	3	9	7	5	6	1	4
7	5	9	6	4	1	8	2	3
4	6	1	3	2	8	9	5	7

42

3	4	6	1	2	9	8	7	5
2	5	8	4	3	7	9	1	6
9	1	7	8	5	6	2	4	3
7	2	1	3	9	4	5	6	8
4	9	3	5	6	8	1	2	7
8	6	5	7	1	2	3	9	4
5	3	9	6	7	1	4	8	2
6	8	2	9	4	3	7	5	1
1	7	4	2	8	5	6	3	9

43

3	1	6	8	9	2	4	5	7
9	8	4	7	3	5	6	2	1
2	5	7	6	1	4	3	8	9
8	3	9	2	6	1	7	4	5
1	6	2	4	5	7	8	9	3
7	4	5	3	8	9	1	6	2
4	9	3	1	2	6	5	7	8
6	2	8	5	7	3	9	1	4
5	7	1	9	4	8	2	3	6

44

7	8	4	1	6	5	3	9	2
1	9	2	3	8	7	4	6	5
3	6	5	2	4	9	7	8	1
9	7	6	4	5	2	1	3	8
5	1	8	6	7	3	9	2	4
4	2	3	9	1	8	6	5	7
6	4	9	8	2	1	5	7	3
8	5	1	7	3	6	2	4	9
2	3	7	5	9	4	8	1	6

45

8	6	7	1	2	3	4	5	9
1	5	4	6	9	8	3	7	2
3	2	9	7	5	4	6	1	8
6	9	3	8	1	2	7	4	5
7	4	5	3	6	9	8	2	1
2	1	8	4	7	5	9	3	6
4	3	1	5	8	6	2	9	7
9	7	6	2	4	1	5	8	3
5	8	2	9	3	7	1	6	4

46

2	7	9	4	8	1	3	5	6
5	1	6	9	7	3	8	4	2
8	3	4	2	5	6	7	9	1
1	5	7	8	4	9	2	6	3
6	8	3	1	2	5	4	7	9
4	9	2	6	3	7	5	1	8
3	4	1	5	9	2	6	8	7
9	2	5	7	6	8	1	3	4
7	6	8	3	1	4	9	2	5

47

4	5	9	7	2	1	6	8	3
8	6	1	5	3	4	7	9	2
2	7	3	6	8	9	4	5	1
3	2	6	8	1	7	5	4	9
9	8	4	2	5	6	1	3	7
7	1	5	9	4	3	2	6	8
6	9	8	1	7	5	3	2	4
5	3	7	4	9	2	8	1	6
1	4	2	3	6	8	9	7	5

48

9	5	1	2	3	8	6	7	4
6	2	7	4	5	1	8	9	3
8	4	3	6	7	9	1	5	2
5	8	2	9	6	3	4	1	7
3	6	4	1	2	7	9	8	5
7	1	9	8	4	5	2	3	6
4	9	5	7	8	6	3	2	1
1	7	6	3	9	2	5	4	8
2	3	8	5	1	4	7	6	9

49

1	4	8	3	6	7	9	5	2
9	3	6	4	5	2	7	8	1
7	5	2	9	1	8	4	3	6
3	6	7	2	4	9	8	1	5
2	9	4	1	8	5	6	7	3
5	8	1	7	3	6	2	4	9
6	7	3	8	9	1	5	2	4
8	1	5	6	2	4	3	9	7
4	2	9	5	7	3	1	6	8

50

5	6	3	7	2	4	9	1	8
2	4	8	3	9	1	5	7	6
1	7	9	5	6	8	2	4	3
3	2	6	1	8	9	7	5	4
4	1	5	6	7	3	8	2	9
8	9	7	4	5	2	3	6	1
9	5	1	2	3	6	4	8	7
6	3	2	8	4	7	1	9	5
7	8	4	9	1	5	6	3	2

51

5	3	7	9	2	6	4	8	1
1	2	9	8	5	4	7	6	3
6	8	4	7	3	1	2	9	5
7	6	5	3	8	2	9	1	4
4	9	2	5	1	7	8	3	6
8	1	3	4	6	9	5	7	2
2	5	8	1	7	3	6	4	9
9	7	1	6	4	5	3	2	8
3	4	6	2	9	8	1	5	7

52

6	7	5	4	1	3	2	9	8
8	3	1	2	9	5	6	7	4
2	9	4	8	6	7	3	5	1
9	8	3	5	2	4	1	6	7
5	1	6	7	3	9	8	4	2
4	2	7	1	8	6	5	3	9
3	6	8	9	7	1	4	2	5
1	4	9	6	5	2	7	8	3
7	5	2	3	4	8	9	1	6

53

1	9	5	7	3	4	8	2	6
7	8	3	6	1	2	9	5	4
4	6	2	5	9	8	3	1	7
8	4	1	2	6	7	5	3	9
9	5	7	3	4	1	6	8	2
2	3	6	8	5	9	7	4	1
5	7	8	1	2	6	4	9	3
6	2	4	9	8	3	1	7	5
3	1	9	4	7	5	2	6	8

54

2	7	5	6	4	8	3	9	1
3	8	6	2	1	9	7	4	5
1	9	4	5	3	7	8	6	2
9	6	2	4	7	1	5	8	3
8	4	1	3	5	6	9	2	7
7	5	3	9	8	2	4	1	6
4	1	7	8	6	5	2	3	9
6	2	8	7	9	3	1	5	4
5	3	9	1	2	4	6	7	8

55

5	1	2	7	9	6	3	8	4
9	3	8	5	4	2	6	1	7
6	7	4	1	3	8	2	9	5
2	4	3	8	1	5	7	6	9
1	5	6	2	7	9	4	3	8
8	9	7	3	6	4	5	2	1
7	6	5	9	2	1	8	4	3
4	8	1	6	5	3	9	7	2
3	2	9	4	8	7	1	5	6

56

1	4	9	8	5	7	3	6	2
2	5	7	3	6	1	8	4	9
8	6	3	2	4	9	1	5	7
5	1	6	9	7	8	4	2	3
7	3	8	4	1	2	5	9	6
4	9	2	5	3	6	7	1	8
3	2	5	7	9	4	6	8	1
6	8	4	1	2	3	9	7	5
9	7	1	6	8	5	2	3	4

57

4	6	5	2	8	1	7	3	9
9	1	2	7	3	5	8	6	4
8	7	3	4	6	9	1	5	2
1	2	6	5	7	3	9	4	8
3	4	7	6	9	8	5	2	1
5	8	9	1	2	4	6	7	3
6	3	8	9	4	7	2	1	5
7	5	4	8	1	2	3	9	6
2	9	1	3	5	6	4	8	7

58

9	5	7	4	1	2	8	3	6
6	4	1	9	8	3	7	2	5
2	3	8	5	7	6	1	9	4
1	8	9	2	4	5	6	7	3
4	2	3	6	9	7	5	1	8
7	6	5	8	3	1	9	4	2
3	1	6	7	5	4	2	8	9
8	7	2	3	6	9	4	5	1
5	9	4	1	2	8	3	6	7

5	6	4	1	3	2	9	8	7
7	1	3	6	8	9	4	5	2
2	9	8	4	7	5	1	6	3
9	7	6	3	1	4	8	2	5
3	5	1	2	9	8	7	4	6
4	8	2	5	6	7	3	1	9
6	3	7	8	5	1	2	9	4
8	4	5	9	2	3	6	7	1
1	2	9	7	4	6	5	3	8

60

7	6	1	2	8	9	3	4	5
5	2	3	4	7	6	8	1	9
9	8	4	5	3	1	7	2	6
4	5	2	6	1	8	9	3	7
6	7	9	3	2	4	1	5	8
3	1	8	7	9	5	2	6	4
2	9	6	8	5	3	4	7	1
1	3	5	9	4	7	6	8	2
8	4	7	1	6	2	5	9	3